colección fábula / 272

Con la colección FÁBULA, Editorial Planeta se ha propuesto ofrecer al público los títulos más representativos, dentro del campo narrativo, de aquellos escritores que, frente al inmovilismo mental al uso, ofrecen un ejemplo constante de imaginación creadora y anticonvencional.

Tratado de las buenas maneras

Alfonso Ussía

Tratado de las buenas maneras

Ilustraciones de
Antonio Mingote

Planeta

COLECCIÓN FÁBULA
Dirección: Rafael Borràs Betriu
Consejo de Redacción: María Teresa Arbó, Marcel Plans y Carlos Pujol

© Alfonso Ussía, 1992
© Editorial Planeta, S. A., 1994
    Córcega, 273-279, 08008 Barcelona (España)
Diseño colección y cubierta de Hans Romberg
Ilustración cubierta: dibujo de Antonio Mingote
1.ª a 13.ª ediciones: de febrero de 1992 a febrero de 1993
14.ª edición: febrero de 1994
Depósito Legal: B. 4.457-1994
ISBN 84-320-8907-9
Composición: Foto Informática, S. A.
Papel: Offset Ahuesado, de Papelera del Oria, S. A.
Impresión: Talleres Gráficos Soler, S. A.
Encuadernación: Encuadernaciones Maro, S. A.
Printed in Spain - Impreso en España

Índice

LECCIÓN 1

A MODO DE INTRODUCCIÓN

La peor plaga que padece hoy día la Humanidad —es decir, España— es la de la grosería. Los buenos modales, las mejores maneras y la beligerancia con la ordinariez y la cursilería se han desvanecido casi por completo en los hábitos cotidianos. Desde que hemos dejado de tener dinero los de siempre, nadie sabe ya a qué atenerse. La vida es mucho más cómoda y placentera si la convivencia se fundamenta en la cortesía. Una cortesía que debe ser al tiempo respetuosa con la frontera que la separa de lo cursi y excesivo. La elegancia y la educación, como la Naturaleza, jamás pueden ser exageradas. Un páramo castellano, seco, austero y desesperanzado es un canto al buen gusto. Las cataratas del Niágara, las más impresionantes del Iguazú y la Cola de

Caballo del monasterio de Piedra son una horterada.

El duque de Bedford, en su *Tratado de los snobs*, afirma que el esnobismo viene del marxismo, si bien no del marxismo de Carlos Marx, sino del de Mark and Spencer, conocida cadena británica de almacenes en la que, por módicas cantidades, cualquier ciudadano puede vestirse casi como un noble. No le falta razón a Bedford. Lo malo es que no sirve aparentar, por acierto en la elección del indumento, una elegancia ficticia. Todo se desmorona, a pesar de los mayores esfuerzos, con la reveladora e infalible prueba de «la taza de café».

La aparente elegancia de cualquier individuo se deteriora definitivamente cuando al tomar café se estira el dedo meñique de la mano que agarra la taza. Si el Código Penal castigara la cursilería, las prisiones españolas estarían repletas de ciudadanos y ciudadanas vestidos de caza que en lugar de disparar con el gatillo disparan con el meñique al beber su café. Pero las cosas son como son y tampoco hay que dar pistas y esperanzas a los jueces autodenominados «progresistas».

Las buenas maneras son imprescindibles si no agobian por exhaustivas o impertinentemente imperantes. El barón de Lapipe no es un ejemplo a seguir. Cuenta

Guareschi que el barón de Lapipe, por causa de un naufragio, se encontró en una isla perdida sólo acompañado por su mayordomo Domitilo. Después de seis días de hambre acuciante, el barón de Lapipe consideró oportuno y legítimo comerse al mayordomo. Lo que más molestó al barón de esta desagradable aventura es que Domitilo, siempre tan correcto y respetuoso, no le dijera ¡que aproveche! cuando el barón procedió a darle el inaugural mordisco. «Cuestión de principios», comentó Lapipe al ser rescatado por un barco mercante noruego.

Cuestión de principios y de ordinariez. Porque decir ¡que aproveche! —le guste o no al barón de Lapipe— no resulta nada fino. Los barones, por serlo, no garantizan las buenas maneras.

Lección 2

LOS ZAPATOS DE REJILLA

Una parte del mundo se divide a su vez en dos porciones antagónicas y enfrentadas. La que usa zapatos de rejilla en los meses de verano y la que, por el contrario, es capaz de morir dignamente antes de cometer tamaña felonía. Para no crear expectativas inquietantes, confieso que me declaro simpatizante activo del segundo grupo. Ningún sufrimiento en los pies, por agudo que sea, legitima el uso de los horrorosos y ordinarios zapatos de rejilla. Sir Reginald Basset-Basset lo dejó bien claro en su célebre tratado sobre *Los individuos inaceptables*. «Todo ser humano —afirma sir Reginald—, que por su abusiva transpiración o goteo en su pedio precise el alivio de unos mocasines con rejilla, debe tener prohibido el acceso a la universidad.»

¿Hay dolor, sudor o incluso quemazón que justifique la adquisición y posterior uso de zapatos de rejilla? Rotundamente no. Los zapatos no tienen la obligación de ser cómodos. Hay prendas necesariamente cómodas, como las batas, y otras, como los zapatos, que no tienen otro fin que el de la plástica peatonal. Que los pies estén cómodos o no es cuestión de suerte y costumbre. Los zapatos abotinados ingleses, espejo de clasicismo, jamás han sido tolerantes con los pies que albergan. Pero son insuperablemente estéticos.

Usar zapatos de rejilla equivale a confesar, indirectamente, la miseria íntima de los propios pies. Un individuo que en los meses de canícula pasea por la calle con dos ventiladores bajo las axilas sólo puede ser dos cosas: *a)* un loco que se cree un bimotor despegando, o *b)* un guarro indecoroso. Sin llegar a este punto de degradación, el usuario de zapatos con aire acondicionado juega de tal modo con el peligro que puede llegar a comprar dos ventiladores a pilas. Se empieza por la rejilla del zapato y se termina por el turbohélice axilar.

Los pies, como sus propietarios los hombres, han nacido para sufrir. La cojera que produce un zapato inglés de inferior número, levanta oleadas de admiración por la calle. Los pies se educan con el castigo,

Véase
"Los individuos inaceptables" de Sir Refinald Basset-Basset.

y así, al cabo del tiempo, ni duelen, ni huelen, ni sudan, ni se sienten. Simplemente están ahí, a disposición del dueño para lo que éste estime.

Los zapatos feos existen porque el mal gusto impera. Pero, aun admitiendo esta desgracia, ha llegado el momento de prohibir los zapatos de rejilla. Lo malo es que habría que llevarlo a cabo mediante decreto. Y lo peor es que quienes redactan los decretos, cuando el verano irrumpe, lo primero que hacen es acomodar sus pies en zapatos de rejilla.

LECCIÓN 3

NO SE VA AL «VÁTER»

Hay expresiones que terminan con cualquier presencia. Una de ellas, «voy al váter», «vengo del váter», actúa de fiscal implacable contra quienes casi han conseguido ser finos y engañar a la gente. Pero esa frase, que suele escaparse, equivale a una sentencia de muerte social. Porque al «váter» no va nadie decente. El «váter» no existe. A donde se va es al cuarto de baño, tenga o no baño.

Una hermosa y adinerada dama de súbita ascensión hacia la elegancia me enseñaba, no hace mucho, su nueva casa de Puerta de Hierro. Mujer inteligente y culta, ha sabido asimilar en tiempo breve un concepto del buen gusto más que estimable. Los muebles de su nuevo hogar eran correctos, los adornos precisos, y los cuadros colgados en las paredes, buenos y valiosos. El salón, el comedor y el *hall,* así como los cuartos de dormir no tenían nada estridente ni hortera, ni siquiera cursi. Era una casa nueva, muy bien puesta, de gente normal. Pero de repente, toda la casa, con la dueña dentro, se desmoronó. Fue cuando, abriéndome el paso a su cuarto de baño, me anunció lo inevitable: «Éste es el váter principal.»

Ni «váter», ni «servicios», ni «aseos», ni «lavabos». El cuarto de baño, aunque sólo tenga una ducha y un retrete, es el cuarto de baño y nada más. En la sagrada intimidad de su recinto se puede —y se debe— hacer lo que en necesidades a cada uno venga. Una persona que vuelve del cuarto de baño mantiene su dignidad incólume. Un individuo que retorna del «váter» causa mofa, reparos y hasta recelo de cercanía.

Tampoco es admisible la *toilette.* Un teniente general, por ejemplo, no puede permitirse el lujo de ir a la *toilette.* Los franceses, que amariconan todo, insisten desaforadamente en que vayamos y volvamos de las *toilettes,* lo cual es harto improbable. Así pues, ni «váter», ni «servicios», ni «aseos», ni «lavabos», ni *toilettes.* Sólo se va al cuarto de baño.

Todos los seres humanos que comparten la realidad de la civilización acostumbran a ser limpios. Los hay que se duchan mientras otros eligen el prolongado baño de agua caliente con patito de goma, experiencia que recomiendo a quien aún no la haya disfrutado. Pero al cuarto de baño se va también a efectuar otros cometidos menos agradables. Ir al «váter» los convierte en vergonzosos e insoportables. Los mismos cometidos culminados en el cuarto de baño adquieren incluso una tímida grandeza.

Quien va al «váter» no debería volver nunca. Esta sentencia es muy dura, pero no veo la forma de suavizarla. Ser normal exige mucho.

Lección 4

NATURALIDAD ANTE EL MARISCO

El marisco debe ser tomado con toda naturalidad. El placer de su sabor no tiene por qué ser objeto de exteriorización sonora. Quien está acostumbrado a comer marisco fresco jamás retransmite —porque los hay que parecen retransmitir sus bondades— sus excelencias. Se sobreentiende que el marisco bueno es caro, y es caro porque está compactamente sabroso. Alabar el marisco mientras es ingerido es de nuevo rico o de pobre. Ambos supuestos no son recomendables.

El cuerpo humano, habituado al marisco, lo digiere perfectamente. Un individuo, en cambio, poco habituado a digerir su fósforo, enrojece inevitablemente en la sobremesa. Por el tono de las chapetas que se forman en sus mofletes se puede averiguar, por los expertos, hasta el tipo de marisco que el inexperto ha ingerido. Chapetas rojas y amoratadas son propias de marisco barato, como el mejillón y el carabinero; chapetas de tono carmesí tirando a bermellón, de bogavante, langosta, cigala, langostino y camarón mediano; chapetas violáceas, de percebe, camarón pequeño, quisquilla cantábrica, bocas de la isla y almeja terciada; chapetas negruzcas, de centollos, nécoras, santiaguiños y chirlas. Tan cierto es lo que afirmo que un buen observador puede, sin apenas dificultad, descubrir el menú de los clientes de las marisquerías hasta tres horas después de la ingestión. Al cliente pobre y poco familiarizado con el marisco no es preciso ni observarle el tono de las chapetas. Se nota que ha comido marisco porque se le pone una sonrisa tonta, de satisfacción no reprimida, que le dura unas cuarenta y ocho horas, aunque se conocen casos que superaron la semana y media de rictus alelado. Se da el caso curioso, que avalan las estadísticas, que el 14 por ciento de los pobres ibéricos fallecen por comer marisco en malas condiciones en bodas, bautizos y demás celebraciones familiares. Ningún rico, hasta la fecha, se ha intoxicado todavía con un percebe.

Para triunfar en sociedad hay que saber dominar el impulso hacia el marisco. El

Se nota que ha comido marisco

marisco es bueno, pero no gira el mundo en su torno. Quien ante una bandeja de cigalas cocidas comenta «después de esto ya puedo morirme», debe ser ajusticiado inmediatamente por hortera. Por muy sabroso y en su punto que se presente un marisco, la exageración es condenable.

El hombre de mundo come marisco como quien saborea un espárrago. Con respeto, en silencio y sin pegar gritos después de tragarlo. En las marisquerías, más que en los salones, se aprende a distinguir entre la gente recomendable y la que no lo es. Esta última, precisamente, por lo mucho que se le nota cuando come mariscos.

LECCIÓN 5

NO SE CAZA DE VERDE

Para descubrir a un cazador advenedizo, huérfano de tradiciones familiares cinegéticas, no hay mejor método que analizar su indumento. Si todo lo que lleva puesto es de color verde, ya saben a qué atenerse. O es inexperto, o es nuevo rico, o es político de anteayer o es un asesor de imagen. En los cuatro supuestos un individuo de muy escamantes actitudes y aptitudes por otra parte.

El cazador novato, amén de peligroso, acostumbra ser un cursi que se viste de verde para hacer creer a las perdices que es una encina. Nada menos logrado en cuestión de camuflaje. Una perdiz, por perdiz que sea, distingue perfectamente entre una encina y un meapilas vestido de campo. La perdiz española, secularmente clasista, prefiere morir rota en su vuelo por los disparos de un cazador normal que por los tiros de un memo demasiado de verde.

El campo es un conjunto cromático de verdes, ocres y sepias. Pero se puede ir estupendamente vestido de azul, o de gris o de carmesí violáceo para cazar perdices, conejos o cochinos. Si los pobres y bellísimos animales fueran tan inteligentes como creen los cinegéticos no los cazaban ni con misiles. La perdiz y el jabalí se escaman más ante un sombrero tirolés con plumas de arrendajo que ante un gorro naranja tornasolado en lila, si es que tal combinación gorril se ha dado alguna vez. Los cazadores, veteranos y novatos, se visten de caza porque les divierte. Porque las pobres perdices, llegado el caso del ojeo, le entran igual al veterano indumentado de sepia añejo, al novato vestido de verde loco que al despistado que acude con jersey azul turquesa y pantalones butano. Las perdices entran porque van asustadas y les importa un pimiento la indumentaria de sus deportivos verdugos.

Recelen, no obstante, los duchos cazadores de los que se visten de verde. Un cazador de verde se pone tan nervioso cuando le entran por el puesto una perdiz y un conejo —me refiero al conejo en el sentido más roedor de la palabra— que siempre

termina por disparar al espacio aéreo inter-
medio, en el que inevitablemente hay otro
cazador. No hace mucho, un prestigioso e
insustituible oftalmólogo español sufrió el
frenesí de un político cursi e ineducado, su-
puestamente afincado en Cádiz, que le con-
fundió con una perdiz. El político, claro
está, iba muy de verde.

Asistir de verde sobre verde a las cace-
rías es una cursilada. Lo malo es que los
cursis no se contentan con ello. Además
disparan, y, casi siempre, aciertan. No a la
perdiz, sino al cazador de al lado.

LECCIÓN 6

LOS TAXIS NO SE PILLAN

En mi no lejana primavera tuve una novia rebosante de virtudes. Era guapa, divertida, complaciente, lista, inteligente, liberal, amorosa, tierna, oportuna, estética, graciosa, profunda y además estaba muy buena. Era una de esas mujeres armoniosas y brillantes que le dejan a cualquiera sin respiración mientras piensa para sus adentros: «Ésta nunca va a ser feminista.» Pero tenía un defecto, a mi parecer, gravísimo, que fue la causa de mi unilateral ruptura con ella. Que «pillaba» taxis.

Sucedió durante una tormentosa tarde de un mes de junio. El cielo se puso feo y empezó a tronar de improviso. Con los truenos, secos al principio, caía una inconmensurable cantidad de agua que calaba nuestros enamorados cuerpos. Por aquel tiempo no estaba mal visto soportar la incomodidad de la lluvia torrencial para demostrar la evidencia del amor. Enlazados por la cintura y diciendo las tonterías de siempre, caminábamos nuestra dicha cuando ella, de improviso, pronunció la terrible frase: «Amor mío, si no pillamos un taxi vamos a pillar un resfriado.» Aquello fue el fin de nuestro compartido amor. Así como suena.

Ya en la soledad de mi angustia medité sobre lo sucedido. Empaqueté sus regalos, muy especialmente el rosario de su madre, y con una doliente carta de despedida se los devolví. Era una mujer maravillosa, incomparable y abierta a toda esperanza. Pero no podía ser la madre de mis hijos. La madre de mis hijos, mi futura cónyuge, podía acumular humanas imperfecciones, pero nunca la de pillar taxis o resfriados. «La madre de mis hijos —le decía en mi carta definitiva— no pilla taxis, los coge; no pilla resfriados, se acatarra o constipa, y sólo le está permitido, si comete la torpeza o despiste de dejar la mano en el recorrido clausural de una puerta, pillarse los dedos.»

Ustedes pensarán que soy un intransigente, amén de maniático. Nada más lejos de la realidad. Pero la convivencia con una mujer que pilla taxis y resfriados puede llegar a ser insoportable, por el sólo hecho de la ordinariez de la frase. Una mujer así

Los taxis
no se pillan

puede terminar «pillándote desprevenido» o, lo que es peor aún, «pillándote en una buena». Una mujer así es capaz de esconderse juguetona tras las cortinas y pegarle a uno un susto de muerte al grito de «¡Te pillé!».

Lo único que una persona normal puede pillarse son los dedos. El que pilla taxis y se pilla resfriados acaba por degenerar. Pillándose a sí mismo, por hortera.

LECCIÓN 7

¡VIVAN LOS NOVIOS!

Todas las familias, por elegantes que sean, tienen y padecen una desgracia común. Esa parienta, casi inmortal, que en las bodas grita estentóreamente «¡Vivan los novios!» cuando éstos pasan por el desagradable trance de cortar la cursi tarta nupcial. Conozco a personas que en situación como la anteriormente referida han negado sistemáticamente su parentesco con la deleznable voceadora con tanta energía como indisimulado rubor. Jamás se lo he tenido en cuenta. Si san Pedro, a pesar de renegar tres veces de Jesucristo ha sido merecedor de reconocidas santidades, no veo por qué no se puede renegar, las veces que sean precisas, de una prima o una tía que grita en las bodas «¡Vivan los novios!» y encima, posteriormente, aplaude.

Para impedir esta habitual y terrorífica manifestación de júbilo nupcial sólo hay dos posibles medidas. No enviar la invitación y atribuir la culpa a la deficiente organización de Correos o el homicidio *pre libum,* es decir, el asesinato previo a la aparición de la tarta. Este segundo supuesto, que es a mi modo de ver el más recomendable, tiene un pequeño inconveniente. La posible insensibilidad del juez al interpretar los hechos. A pesar de este insignificante reparo, considero este método más fiable que el de olvidar premeditadamente el envío de la invitación. Una persona que es capaz de gritar «¡Vivan los novios!» se presenta en las bodas esté o no esté convidada y además se pone una pamela y se come todo el salmón.

Para matarla es necesaria mucha sangre fría. Agilidad y sangre fría. Toda gritadora de «¡Vivan los novios!» acostumbra ser bulliciosa, revoltosa y extremadamente movediza. Lo mismo está allí, que aquí, que acá o que acullá. Un error en el cálculo puede resultar tan fatal como irremediable. Mi primo Cristián de Llodio (Q.S.G.H.) falleció apuñalado el día de su boda por un irreparable error de cálculo. Cuando iba a cortar la tarta, la gritadora ocupó entusiasmada su lugar y el homicida contratado no tuvo tiempo de corregir la trayectoria de su certero golpe.

Hasta la fecha hemos tratado con más o menos rigor lo que se puede hacer y lo que no se puede hacer sin entrar en determinaciones capitales. El caso que hoy nos ocupa, por singularmente serio, debe ser examinado con más rigidez, si cabe. No deben asustarnos las conclusiones ni huir de sus lógicas consecuencias. Toda persona que grite «¡Vivan los novios!» en las bodas tiene perfecto derecho a ser ajusticiada.

LECCIÓN 8

LAS BRAGAS NO EXISTEN

¿Existen las bragas? ¿Se puede ir por el mundo con la cabeza alta después de entrar en una mercería y haber adquirido unas bragas? Aunque parezca un absurdo y hasta un contrasentido, en ambos casos la respuesta es «no». Las bragas pueden comprarse en una mercería, pero curiosamente no existen. He aquí el misterio por antonomasia de la gente «bien». Se compran, se usan, se tiran e incluso en determinados momentos se quitan, pero no existen.

La Real Academia de la Lengua las define como «prenda interior usada por las mujeres y los niños de corta edad, que cubre desde la cintura hasta el arranque de las piernas, con abertura para el paso de éstas». Y don Sebastián de Covarrubias y

Orozco, capellán de Su Majestad nuestro señor don Felipe III y Consultor del Santo Oficio de la Inquisición, opina que las bragas son «cierto género de caragüelles justos que se ciñen por los lomos y cubren las partes vergonçosas por delante y por detrás y un pedaço de los muslos. Que las usan los pescadores, los curtidores, los que lavan lana, los tintoreros y los religiosos, que las llaman paños menores. También las usan los pregoneros, porque no se quebrasen dando grandes voces, y que la cobertura en la horcaxadura de las calças, se llama bragueta, y braguetón la que es grande, como la de los tudescos».

Dejando para otro capítulo el comentario sobre la ordinariez de los tudescos, retornamos al misterio inicial. ¿Existen las bragas, aun a pesar de las definiciones de don Sebastián de Covarrubias y de la Real Academia de la Lengua Española? La respuesta sigue siendo la misma. Las bragas, por más que se lleven, por más que se porten, por más que se ciñan y cubran las partes vergonzosas y un pedazo de los muslos, no existen.

Sólo hay una expresión más ordinaria que «las bragas». Me refiero a pronunciar «la braga», singularizando la horrible prenda. Quien reconoce que «se ha comprado unas bragas negras» carece de futuro en los

LAS
BRAGAS
NO EXISTEN

salones de la Corte, si bien puede seguir disfrutando de la merienda en grandes cafeterías. Pero quien dice en público que «ha comprado una braga color carne», debe ser inmediatamente marginado por la sociedad. Una sociedad que admite que alguien adquiera «una braga color carne» tiene la obligación de reconsiderar muy seriamente si va por el buen camino.

Por eso, la gente «bien», en ocasiones justamente denostada, tiene aquí toda la razón. Une en su misterio el buen gusto con la sabiduría. Nuestras mujeres, tras ser torturadas, pueden llegar a reconocer la existencia de los *pantys*. Pero de las bragas, nunca.

Se compran en las mercerías, pero no existen.

LECCIÓN 9

COSAS BIEN Y COSAS MAL

Bien	*Mal*
Casa	Chalet
Cuarto de baño	Váter, baño, aseo, servicio
Los pelos de punta	Los vellos en punta
Hall	Recibidor
Cuarto	Habitación
Primera comunión	La comunión
Almohadón	Cojín
El barco	El yate
Dámelo	Dámele
El porche	El mirador
El trasero	El tras
Enfadarse	Enojarse
La madre	La mamá
El regalo	El presente, el obsequio

La mesa de las bebidas	El mueble-bar
La cómoda de arreglarse	La coqueta
La cama	El lecho
El sótano	*La bodeguiya*
¡Jo!	¡Jolines!
El traje de baño	El bañador
Los perros	Los doberman
La parrilla	La barbacoa
Hacer pis	Orinar
Hacer el amor	El acto
Las gafas	La gafa
Tengo ganas de comer	Tengo gana de comer
Yo	Muchísima gente
Lavaplatos	Lavavajillas
Nevera	Frigorífico
Suty	Sujetador, sostén
Tela	Género
Pito, pitilín	Pene
Jamón de York	Jamón York
El pecho (femenino)	Los pechos, los senos
Llamar por teléfono	Telefonear
Mi mujer	Mi señora, mi esposa
Barra de labios	Carmín
Coche	Automóvil
Calzoncillos	*Sleep*
Reló	Reloj

Despensa	Alacena
Tener un hijo	Alumbrar, dar a luz
Esperar	Aguardar
David Niven	Lorne Green
La soda	El sifón
El agua con gas	La gaseosa
La gata	La minina *
Me he hecho daño	Me he dañado
Zarauz	Deva
Brillante	Pavonado
¡Te cogí!	¡Te pillé!
Siií, ¿quién es? (respondiendo al teléfono)	¿Diga?
Jersey	Suéter, pullover
Chaqueta de punto	La rebeca
El mechero	El encendedor
El puro	El cigarro, el habano
Simpático	Majo
El periódico	El diario
Casarse	Contraer enlace
El retrete	La taza

* La minina, además, puede producir confusión. Como dice el famoso epigrama:

*Una gata encantadora
tengo, van a verla ahora:
es una cosa divina.
Pepe, saca la minina,
que la vea esta señora.*

Ponerse mala	Tener el mes
Es que...	Ej que...
Alegrarse	Complacerse
La pena	La zozobra
Vomitar, devolver	Arrojar
Sin embargo...	Empero...
Es necesario...	Es menester...
La llave	El llavín
Tener que ver...	Has de ver...
El muerto	El finado
El orinal del niño	El perico del nene
¿Qué te han traído los reyes?	¿Qué te han echado los reyes?
¿Qué película ponen?	¿Qué película echan?
¡Ya está!	¡Tate!

LECCIÓN 10

CUIDADITO CON EL «BAÑADOR»

Quien escuche de un semejante la frase «tengo un bañador rojo» ya sabe con quién se la está jugando. El que reconoce «tener un bañador rojo» sólo puede ser dos cosas: *a)* un hortera, y *b)* un individuo/a que dispone de un miembro del Partido Comunista para que le bañe. Porque el bañador no es más que eso: el que le baña a uno. Lo que se pone uno/a para no bañarse en pelotas en las playas, las piscinas, los barcos y los pantanos es, sencillamente, el traje de baño.

Para que ustedes calculen con acierto el grado de ordinariez de la expresión «bañador» cuando se refiere al «traje de baño», basta y sobra esta aguda equivalencia comparativa. Decir «bañador» no es menos grave que «ir al váter», o que «pillarse un

45

resfriado en el mirador del chalet», o que «enojarse con Andrés Ramón Alcoceba». Por lo tanto, sólo se puede ir a la playa con «bañador» cuando se va acompañado de un encantador, menesteroso y abnegado ser humano del sexo masculino entregado al quehacer de bañar al prójimo. En tal caso, y siempre que se dedique exclusivamente a sus obligaciones, el «bañador» es correcto.

Cuando yo era niño —posguerra superada, pero aún bastante posguerra—, en España sólo había una marca de trajes de baño, la de los anchurosos y pulcros Meyba. Hasta tal punto monopolizaba el mercado la marca Meyba, que llegó a adquirir vigencia de denominación genérica. «Por si hace calor traeros el meyba» es frase que uno ha escuchado con inmenso estupor durante más de un decenio. Pues bien, la incorrección de esta expresión sociomercantil es bastante más aceptable que la de «por si hace calor traeos el bañador».

Para que todo quede claro, diáfano y cristalino, al tiempo que nada oscuro, opaco y ofuscado, se puede decir con seguridad plena que un «bañador» es perfectamente capaz de bañar a quien sea sin necesidad de llevar traje de baño. Pero si lo que se precisa llevar en prevención de los calores es la prenda que cubre determinadas zonas íntimas durante la refrescante experiencia

HORTERA
EN
"BAÑADOR"

de la natatoria, no se lleva el «bañador», sino el «traje de baño».

El falso príncipe Enrique de Trastamara y Hesse-Hesse se le descubrió su origen plebeyo cuando en el Club de Mar de Palma anunció su intención de «comprar un bañador». El impostor fue inmediatamente invitado a abandonar el recinto social.

Un señor que dice «bañador» en lugar de traje de baño no tiene derecho a conocer el mar.

LECCIÓN 11

AL CLERO, SIEMPRE DE USTED

Desde que los sacerdotes se indumentan de pollos modernos y las monjas de cortinas con ligas, el espacio de respeto que separaba a los religiosos de los civiles ha desaparecido. Son ellos precisamente, los religiosos vestidos de lo que no son, los que más contribuyen al estupor, la confusión y el malentendido. Si los curas y monjas que no se visten de curas y monjas supieran lo que ganan con el uso de los hábitos, otro gallo les cantaría en su hoy parcialmente perdido respeto popular. Porque una cosa es incuestionable. Vestidos de religiosos o vestidos de lo que sea, se nota que son curas y monjas. El hábito no hace al monje; lo que hace al monje es el cuerpo, y el cuerpo del monje no se disimula.

Si uno no es familiar cercano de un

cura o de una monja, el tuteo no es adecuado. La excesiva familiaridad con el clero progre, propugnada por el último, no garantiza la salvación del alma. Tampoco la garantiza la distancia en el trato, pero me consta que está mejor visto en los despachos eternos. El cielo es lugar de exquisitas correcciones y a su ámbito y felicidad se accede no sólo por la bondad en la vida terrena, sino mediante la buena educación. Hace pocos años, el marqués de Plamariú, que fue un dechado de maldad, corrupción y perversidad en la vida, falleció y subió al cielo por no haber tuteado jamás a un clérigo. Esta revelación, que habrá causado sorpresa entre los muchos damnificados del marqués de Plamariú, me ha sido confiada por una fuente que no debo publicar. Pero el hecho está ahí y no hay quien lo mueva. El miserable de Pepito Andrés Palmariú, que no hizo más que el mal en su pasar por la tierra, goza del beneficio celestial por no haber tuteado jamás a un cura.

Por el contrario, el joven catequista fenecido en imprevisto atropello, Liborio Ruiz Bondades López Inmácula, que entregó su existencia a las reuniones parroquiales, misiones en barriadas, ayuda a los marginados y meriendas con padres de familia, aún permanece en el purgatorio —y le quedan tres mil años aproximadamente, según los últimos cálculos— por haberse excedido en el tuteo al clero. Rumores, esta vez no confirmados, apuntan que fue castigado a sufrir quinientos años de purgatorio adicional cuando se desbocó de blasfemias al ver ascender directamente a la puerta de San Pedro al cínico y malvado marqués de Plamariú.

Tutear a los curas y a las monjas no tiene justificación social. Sólo en casos muy concretos y no en demasía frecuentes, el tuteo está permitido. El caso de doña Ana de Buñuell Parrot, que llamaba a su hija Paca, oblata ella, «Madre Francisca», es también exagerado. El término medio, como siempre, impera.

Al clero, siempre de usted.

LECCIÓN 12

EL MEÑIQUE EN EL CAFÉ

Sacarse un moco de las narices delante de la gente es una ordinariez. También lo es sacárselo a solas, si bien a esto último no podríamos enfrentarnos inflexiblemente sin caer en la más sospechosa hipocresía. Como decía el joven poeta belga Rik van de Loonen en su hermoso y casi desconocido poema *En cuclillas tras el seto*: «Un moco es un moco, y quien no se lo quita, se vuelve loco.» Eso sí, Rik van de Loonen jamás efectuaba la operación en público; lo hacía siguiendo las sabidurías de su inmortal composición, en cuclillas y tras los setos. Y si no había setos, escondido detrás de las cortinas, que es donde mejor y más cómodamente se quitan.

Pero hay movimientos más ordinarios que cosechar mocos de las narices y que sorprendentemente se llevan a cabo en sociedad sin rubor alguno en sus practicantes asiduos. Uno de ellos, quizá el más significativo, es escayolar el dedo meñique de la mano que eleva la taza de café. Los hay que para intentar mostrarse finos disparan de tal manera su meñique que bien podrían aprovechar la coyuntura cálida de un breve sorbo —nunca sorbido—, para peinarse las cejas. Estirar el dedo meñique de la mano que sujeta la taza de café —siempre la derecha— es síntoma indiscutible de distinción ficticia. La persona que hace tal cosa llama irremediablemente a los almohadones «cojines», a los pitillos «cigarrillos», a los niños «chavales» y a la zona que comprende del esternón a las industrias con ombligo en el medio, «vientre». «Me duele mucho el vientre», dijo en cierta ocasión doña Romualda López Respunte de Pericot en el transcurso de la última fiesta a la que fue invitada a pesar de ser la legítima esposa de don Ernesto de Pericot y Puig Feliu, el «rey de los grifos pavonados». Una persona a la que le duele el vientre en lugar de dolerle la tripa o el estómago, lo menos que da es muchísimo asco. Y lo dijo, obvio es, al tiempo que bebía su café disparando de manera ostentosa el dedo meñique a fin de resultar acostumbradamente fina.

Cuando el conde Rudolf von der Blauen

EL MEÑIQUE

Donau pretendió, en pleno imperio austro-húngaro, mutilar los dedos meñiques de todos los súbditos que no fueran nobles o pianistas, exageró quizá un poco. Las cosas, por importantes que sean, no hay que tomárselas tan a la tremenda. Pero hemos de reconocer, superando la posible brutalidad de la acertada medida, que ha sido hasta la fecha la única persona que se ha mostrado decidida a terminar con la costumbre.

Hoy los restos mortales del conde Rudolf von der Blauen Donau yacen bajo un abeto en los jardines de Belvedere, sin más flores que las que el viento, distraída e involuntariamente, lleva hasta su lápida.

Rindamos nuestro homenaje de recuerdo a la memoria de tan gran hombre.

LECCIÓN 13

CHAVALES Y TELEVISORES

«Los chavales se pasan el día pegados al televisor» no es oración aceptable. En primer lugar, porque los «chavales» lo que realmente son es niños, y en segundo, porque el televisor es la televisión. Nadie, medianamente normal, dice «voy a escuchar el transistor», sino más bien, «voy a escuchar la radio». Por eso, quien reconoce «tener a los chavales todo el día pegados al televisor», merece como mínimo, ya que la pena de muerte es anticonstitucional, que le corten la luz.

Referirse a los niños como «los chavales» no tiene posibilidad de amnistía. Es frase muy de Aravaca y Pozuelo de Alarcón —los chavales están encantados con el doberman—, y también puede escucharse en determinadas zonas de Somosaguas, El

Soto de la Moraleja, Ciudalcampo y Parque-lagos, si bien en esta última urbanización a los niños más pequeños se les apoda cariñosamente «cominos» o «renacuajos», lo que tampoco tiene pase. «Tienes unos cominos preciosos», fue la última frase de una vecina de Parquelagos inmediatamente antes de quitarse la existencia sumergiéndose en un ídem, para no soportar de por vida la ordinariez de su dicho.

Llamar a los niños «chavales» carece de justificación alguna. Los niños son siempre niños, y quien pretenda demostrar lo contrario deambula ayuno de realidades. El célebre ginecólogo alavés Aitor Mari Gorroñoaga, famoso por su conocido método *Masajes Gorroñoaga a las embarazadas terminales,* perdió su clientela no por incompetencia, sino por ausencia profunda de sensibilidad. Consumado el parto, el doctor Gorroñoaga comunicaba el resultado al expectante padre de esta desafortunada guisa: «Enhorabuena, muchacho; ha tenido usted una chavala de exposición.» Así se pierde una clientela decente. A los padres que desean una hija no les hace ninguna gracia considerarse autores, sin previo aviso y de sopetón, de una «chavala», por muy de exposición que sea.

La paternidad es muy dura, y más si los hijos se convierten en «chavales pegados al televisor». Unos chavales permanentemente pegados al televisor no pueden tener otra cosa que unos padres que «van al váter». La huella de vergüenza y rubor del niño que es tratado como «chaval» por sus padres no se quita en toda la vida. El niño siempre triunfa, y el «chaval» degenera en adulto torvo, áspero y acomplejado, muy frecuentemente entregado a la bebida.

Los chavales son niños y los televisores, televisiones. Es tan obvio lo que apunto, que extenderme más comienza a avergonzarme. Si Dios hubiera dicho: «Dejad que los chavales se acerquen a mí», este servidor de ustedes sería mahometano. Y no sin orgullo.

LECCIÓN 14

AQUÍ MI SEÑORA, AQUÍ UN AMIGO

En las presentaciones personales se intuyen finuras o se constatan ordinarieces. El «aquí» no tiene pase. Quien presenta un desconocido a su mujer con la célebre y desafortunada fórmula «Aquí mi señora, aquí un amigo», tiene menos futuro en la sociedad que una sala de fiestas en Riaño, por poner un ejemplo tan doloroso como contundente. Entre otras razones porque, separando el término de la propia frasecita, referirse a la mujer de uno como «mi señora» es sinónimo de predisposición plebeya y modo de barriada. La mujer de cada uno es la mujer de cada uno, y basta. Una presentación correcta no puede diferenciarse mucho de la que a renglón seguido apunto: «Pedro Cordido de Fatimón, Laura mi mujer.» O mejor aún: «Laura, ¿conoces a

Pedro Cordido de Fatimón?» En ese caso, ambos proclamarán que están encantados de conocerse y el buen gusto no habrá experimentado sufrimiento alguno.

Quien presenta con el «Aquí mi señora, aquí un amigo» demuestra cierta ordinariez. Ordinariez que tampoco es breve en quienes presentan a dos desconocidos revelando tan sólo los nombres de pila y dejando en el olvido los apellidos. «Ésta es Vanessa, éste es Arturo.» Como si Vanessa y Arturo fueran tan famosos que el conocimiento de sus apellidos se hiciera innecesario. Problema este que se agudiza aún más en los casos con Vanesas. A las españolas que se llaman Vanessa, Ingrid, Samantha, Roxana, Tamara, Ludmila o Ira hay que intentar conocerlas muy bien, así como a sus familias, para que le expliquen a uno el porqué de esos nombres tan pretenciosos y cursis. Pero éste es otro problema que será en el futuro debidamente tratado.

No tiene duda: quienes presentan con la fórmula «Aquí mi señora, aquí un amigo» —algunos especifican incluso si son amigos o compañeros—; «Aquí mi señora, aquí un compañero del negocio», son los mismos que tras sonarse en el pañuelo observan los residuos sonados antes de doblar cuidadosamente el moquero —normalmente de tonos ambiguos—, como si lo que observa-

AQUÍ, MI SEÑORA

ran tuviera la dignidad de una obra de arte. Estos adoradores de los mocos propios, proclives a las mujeres gordas, creen que su método de presentación es correcto. Nada más lejos de la realidad, por fortuna para la corrección.

Para luchar con la epidemia de los de «Aquí mi señora» sólo hay una manera efectiva. No tenderles la mano. El desprecio social es a veces indispensable.

LECCIÓN 15

SE MAMA EN PRIVADO

Hasta la fecha, excepto en las tribus por misionar que viven en las riberas del Amazonas y algún que otro colectivo de la zona central africana, se tiene por buena costumbre dar de mamar en privado. La madre lactante, cuando la leche sube y el bebé la demanda, busca un lugar recoleto y tranquilo, libre de miradas curiosas, para ofrecer al pequeño mamón el milagroso producto de la maternidad. La lactancia no es espectáculo agradecido. Las domingas de las féminas, tan apetecibles en períodos de secano, multiplican su tamaño hasta proporciones escandalosas cuando ejercen el tierno y maravilloso quehacer de cocinas ambulantes. Con independencia de la virtud y belleza de la mamancia, contemplar los chupetones de los mamoncetes en las rebosantes tetas de las madres lactantes produce un cierto rubor. Lo malo es que ahora no es fácil escaparse.

Hace poco, en una terraza de la Castellana, me reencontré casualmente con una vieja amiga de mi juventud que acunaba a su hijo de tres meses. Me senté a su lado, le pregunté por su marido y esas cosas que siempre se preguntan y me interesé vivamente por la pequeña circunstancia que dormía plácidamente en su maternal regazo. En un momento dado, cuando iba a incorporarme, la pequeña circunstancia que dormía plácidamente se despertó y comenzó a berrear. La situación, si bien no agradable, tampoco era comprometida. El niño lloraba y yo le hacía carantoñas en su finísima piel de melocotón temprano. Mi vieja amiga, quizá emocionada por la ternura que yo demostraba a su menuda larva, sonreía como sólo sonríe una joven madre orgullosa. Fue entonces cuando inesperadamente, con un golpe muelle y repentino, se sacó una teta.

¿A quién miro —me preguntaba yo—, a la madre, al hijo, a la teta o a la circulación? Los viandantes que pasaban por nuestra mesa bajaban la cabeza pudorosamente para evitarse el espectáculo. El bebé, ajeno a todo, y a todos, producía un ruido de succión que mi timidez convertía en estrépito. Entretanto, mi vieja amiga me recordaba tiempos pasados, amigos comunes y sucesos compartidos. El bebé, más tranquilo, dejó de chupar. Se calló un segundo y comenzó a berrear nuevamente. Fue entonces cuando, inesperadamente, con dos golpes muelles y repentinos, se metió una teta y se sacó la otra. En ese punto y hora, me excusé, me levanté, tropecé, caí sobre el niño y la teta, balbuceé unas palabras y me fui.

¿Por qué esa manía de dar de mamar en público? Las defensoras de ello aseguran que es un acto natural del que no hay que ocultarse. ¿No son precisamente los actos naturales los que más exigen el sosiego del escondite? Dar de mamar en público subraya un determinante mal gusto. Y el mal gusto está siempre reñido con las deseables buenas maneras.

LECCIÓN 16

«NO HACE NADA»

Una de las mayores y más frecuentes faltas de educación de la clase llamémosla «alta» es la de no encerrar a sus perros cuando reciben a un invitado. Invitado, además, del que se ignora su afición, repelús, heroísmo o terror hacia los susodichos canes. Los perros ajenos no son de fiar y casi siempre acuden a dar la bienvenida al extraño con indudables deseos de mutilación. Es en ese momento cuando uno lucha con el honor de sus antepasados y lamenta no ser un negrito de la jungla de esos que corren despavoridos ante un león cuando el anfitrión con perro que enseña los colmillos suele decir eso de «No te preocupes, que no hace nada».

Todos estos comentarios serían innecesarios si los propietarios de perros estuvieran educados. Sucede que la mayoría de las veces no se distingue a ciencia cierta entre uno y otro. Someter a un invitado a toda una explosión de ladridos, lametones, saltos, gruñidos y más gracias es sinónimo de profunda grosería. En la misma frase «No te preocupes, que no hace nada», se encuentra la culpabilidad del imbécil. No hace nada, pero lo parece, lo cual es molesto; no hace nada, pero lo puede hacer, lo que es peor. ¿Por qué si tiene que anunciar que el perro «no hace nada» no lo encierra en su apacible perrera mientras sus invitados permanecen en su casa? La respuesta no tolera la duda. Pura prepotencia y absoluta falta de educación.

El perro con dueño tonto acostumbra a tener muy mala uva. El dueño le consiente todo y hasta llega a quererle más que a un hijo. Un hijo malcriado con unos colmillos —pastor alemán, doberman, snchauzer— capacitados para cercenar en un segundo las partes menos distinguidas de los más distinguidos visitantes. Pero eso sí, no hay que preocuparse «porque no hacen nada».

El propietario de un perro inofensivo, por el solo hecho de sus ladridos, debe encerrarlo en tanto y en cuanto respete la libertad y armonía de sus invitados. Si al aburrimiento habitual de asistir a una cena —aprovecho para recordar a quienes me in-

NO TE PREOCUPES,
QUE NO HACE NADA.

vitan a cenar que me aburre muchísimo—
se une la obligación de soportar los ladridos y amenazas de los perros de la casa,
habrá que llegar a la firme conclusión que
nada es mejor que mantenerse alejado de
los prepotentes ineducados por muy amigos que sean. Los perros hay que encerrar-
los cuando se invita a seres humanos ex-
traños a su olfato. Lo contrario, insisto, es
una generalizada grosería de muy difícil to-
lerancia.

Porque si el dueño es un grosero, el
perro no tiene culpa alguna de hacer lo que
desea. Y lo que desea es lo contrario a «no
hacer nada».

CÓMO SALUDAR A UN CARDENAL EN PAÑOS MENORES

En la vida hay que estar preparado para desenvolverse dignamente en las situaciones más inesperadas, insólitas o confusas. Superar lo imprevisto con elegancia y soltura no está al alcance de todos, afortunadamente. Cuando menos se piensa, el azar de una sorpresa mayúscula puede aparecer en el camino de uno. Esa sorpresa mayúscula sólo se solventará con naturalidad y buenos modos. De ahí que el presente capítulo pretenda analizar una situación límite de muy difíciles y complicadas soluciones. La manera de saludar a un cardenal de la Iglesia que es sorprendido en calzoncillos.

En las antiguas casas solariegas del Norte, durante el verano, las familias más elegantes solían albergar, al menos por unos días, a un señor obispo. Las había que tenían incluso su obispo particular. Las obligaciones del obispo estival eran pocas a cambio del albergue y manutención que disfrutaba. Tan sólo una misa diaria y la dirección de un rosario semanal ofrecido por el alma del fundador de la dinastía, por lo normal un pájaro de cuentas que hizo la fortuna en Cuba. En contraprestación, el obispo particular era tratado como un invitado especial, se le asignaba uno de los mejores cuartos y era el encargado de llevar el pulso de la tertulia. Lo que se dice un chollo.

En aquellos tiempos, las grandes casas, los palaciones, las alcurniosas casas, tenían muy pocos cuartos de baño. Nuestros antepasados, tan elegantes ellos, eran bastante guarros. Así las cosas, por las mañanas se hacían grandes colas en los pasillos para aguardar el turno de las cotidianas intimidades lavatorias. Hasta aquí, nada de extraordinario.

El obispo particular, que en casos concretos era cardenal, hacía cola como todo hijo de vecino. En bata y pijama se le notaba su sacra dignidad por la forma de sostener el cepillo de dientes. Mientras los demás sostenían el cepillo de dientes, el cardenal lo hacía como si del báculo se tratara. Este encuentro matutino con Su Eminencia se desarrollaba con toda naturalidad.

Lo malo era cuando una urgencia nocturna hacía coincidir a los urgidos en los aledaños del cuarto de baño y uno de ellos era su Eminencia Reverendísima. Mi tío abuelo el conde de la Real Petunia me relató su experiencia poco antes de expirar. Una noche del mes de agosto de 1921, apremiado por una colitis, se topó en los pasillos de su casa de Azcoitia con un cardenal en calzoncillos que coincidía con él en los apremios.

¿Cómo se reacciona en situación tan embarazosa? Como hizo mi tío abuelo. Le besó el anillo respetuosamente sin mirarle los muslos antes de cerrarle la puerta del cuarto de baño en las mismísimas narices. Devotamente, con toda naturalidad. Por algo era el conde de la Real Petunia.

LECCIÓN 18

DOLORES PROHIBIDOS

La buena o mala salud nada tiene que ver con las buenas o malas maneras. Se puede —y de hecho hay casos constatables— disfrutar de una salud de hierro y ser un hortera, de igual manera que hay personas educadísimas convalecientes de una operación de almorranas. Lo que diferencia a un paciente de hemorroides educado de otro ineducado es la vergüenza. El primero es capaz de sufrir los más agudos dolores y mantener la sonrisa y el tipo durante los pálpitos culares más lacerantes, mientras que el segundo no puede reprimir sus deseos de informar al semejante: «Padezco de almorranas.»

Disimular las acometidas del dolor es inequívoco signo de buena cuna. En ocasiones, la tal y deseable simulación alcanza cotas de heroicidad no superada por gesta bélica alguna. Así lo demuestra el famoso caso del vizconde de Iturrioz, que si no figura en el Guiness es por la propia discreción del vizconde y sus descendientes. En el año 1961 el vizconde conducía su coche, un Austin, en el trayecto Madrid-San Sebastián; al lado del vizconde viajaba su suegra, la marquesa viuda de Valle Aranaz. A la altura de Lerma, kilómetro 202, una avispa se introdujo en el interior del Austin para posarse en la misma bragueta del vizconde. La entrometida avispa, no satisfecha con la advertencia, se internó entre los botones de la bragueta y sin previo aviso horadó los cordiales del vizconde con su poderosísimo aguijón. Otro cualquiera hubiera soltado un alarido, desatendido el volante y matado a la suegra. El vizconde de Iturrioz, fiel a su linaje, se tragó el suplicio, ofreció el tormento y se puso a cantar un *zortziko*. El motorista de la Guardia Civil que le multó pocos kilómetros después del acontecimiento por «exagerado exceso de velocidad» confesó ver «un meteorito conducido por un educado loco que cantaba *Montañas de Guipúzcoa,* mientras su anciana y distinguida acompañante se sujetaba la pamela». Al vizconde se le retiró el carné de conducir sin que alegara razones defensivas. Su suegra, la marquesa

UN METEORITO CONDUCIDO
POR UN EDUCADO LOCO

viuda de Valle Aranaz, falleció años después sin conocer la verdad. Un vizconde puede caer en las más humanas bajezas, pero nunca reconocerá haber sido víctima de una picadura de avispa en los huevos.

Nadie es inmune a la enfermedad o el dolor. Pero nadie, asimismo, está obligado a informar de la causa de sus pesares. Penar de juanetes, sufrir de orquitis o padecer golondrinos no es para enorgullecerse, sino más bien al contrario.

Si los dolores no se pueden disimular, lo más recomendable es permanecer en casa. Cuando lord Bassington-Surrey falleció por causa del cólera, su familia no dudó en afirmar que había muerto por una caída de caballo. Gracias a ello, su entierro fue multitudinario. Nadie decente va a los entierros de los que mueren por una colitis.

Lección 19

ME COME, PERO NO ME DUERME

En un diálogo de jóvenes madres de regulares maneras son más que habituales las siguientes expresiones: «Mi hijo me come últimamente la mar de bien», «En cambio el mío —decía la segunda— me duerme tan mal que llevo más de una semana sin pegar un ojo». Es ahí, cuando la tercera madre contertulia, ordinariamente embriagada de posesiones filiales suelta la frase culminante: «Pues al mío me le están saliendo ya los colmillitos y por eso me llora tanto.» «¡Angelitos!», suspira la cuarta participante en la conversación, y que por ser soltera ni se la comen, ni la duermen, ni la lloran tanto por más que le salgan a otro los colmillitos.

Posteriormente, las jóvenes madres se informan mutuamente de la edad de sus respectivos bebés con una medida de tiempo especialmente creada para determinar la duración vital de los hijos de los horteras. El mesecito. «Mi hijo tiene ya nueve mesecitos.» ¿Cuántos días —me pregunto yo— tienen los mesecitos? ¿Acaso son diítas de doce horitas de treinta minutitos con treinta segundetes y por esa causa crecen tan despacio? En ese momento, la madre del bebé mayor es objeto de un piropo adulador por parte de las otras colegas. «Con dieciséis mesecitos, el tuyo es ya todo un chavalote.»

En lo que respecta al primer apartado de esta lección, mis cuestiones y conclusiones posteriores son claras. ¿Si los niños les comen bien, llegan a mutilarlas? ¿Por qué se enfadan, entonces, cuando les comen mal? Y en lo concerniente al sueño de las madres cuando los bebés no les durmen como es debido, ¿han probado a hacerlo al revés? Si un bebé duerme mal a su madre, ¿por qué no intenta la madre dormir al bebé, que es muchísimo más lógico y normal? ¿Es admisible que en pleno siglo XX un pobre bebé recién nacido —o con nueve mesecitos, que para el caso es lo mismo— tenga la obligación de dormir a la ordinaria de su madre? ¿Y es tolerable, asimismo, que con los adelantos dietéticos e higiénicos que disfrutan los seres humanos, los niños necesiten para sobrevivir comerse a sus madres?

Los bebés comen bien o comen mal y duermen mal o duermen bien. Añadirles el maldito «me» es una ordinariez que tira para atrás. Las jóvenes madres que dicen «Mi hijo me come» o «Mi bebé no me duerme» son capaces de recomendar a sus maridos, cuando el invierno llega, que no se «olviden el gabán». No el abrigo, sino el gabán. Me pongo enfermo con sólo pensarlo.

LECCIÓN 20

EL SOFOCO

Una situación desagradable o embarazosa puede producir angustia, rubor, turbación, agobio o corte, pero nunca sofoco. Un ejercicio atlético vibrante y continuado, sobre todo en los meses caniculares, origina cansancio, agotamiento, debilidad, extenuación, fatiga o agujetas, pero no sofoco. Una tímida y prematura declaración de amor es circunstancia hecha a la medida para el bochorno, el sonrojo, el corte, el pavo, la erubescencia y la mudez definitiva, pero jamás para el sofoco. La permanencia en un habitáculo cerrado y con alta temperatura intranquiliza, debilita, acalora, enciende y combustiona, pero no sofoca. Todo aquel que se sofoca por la causa que sea —como el que se enoja— es bastante ordinario.

El grado mayor de ordinariez del sofoco es el «sofocón». El sofocón, mientras no se demuestre lo contrario, no es otra cosa que el disgusto —«Hija, no le digas a tu padre que te has quedado embarazada porque puede llevarse un sofocón»—. El sofocón, crisis agudizada y mejorada del sofoco, tiene a su vez un grado o categoría culminante: El soponcio —«Hija, no le digas a tu padre que te has quedado embarazada porque del sofocón que se lleva puede darle un soponcio»—. Aquí, irremediablemente aquí, se establece la diferencia que ha degenerado en lo que posteriormente se ha denominado «lucha de clases». La gente «bien» muere de un infarto producido por un disgusto y la gente «mal» de un soponcio originado por un sofocón. Pero no olvidemos que el soponcio y el sofocón son estados de ansiedad procedentes del sofoco, y ahí está la madre del cordero.

Para que ustedes lo entiendan mejor les comento un caso verídico y estremecedor. Cuando Andresito Aitor Edurnebarrena Loroño informó a su madre, de vuelta de la «mili», que era maricón, lo hizo con cierto sofoco. Su madre doña Vichori Loroño Martutene, nada más enterarse sufrió un sofocón. Su esposo, Prudentxo Edurnebarrena Gomabai, nada más entrar en la cocina del caserío, al notar el sofocón de su esposa, indagó las causas. Su esposa, a pesar del sofocón y el sofoco de su hijo, puso a su marido al corriente de los acontecimientos. Don Prudentxo no resistió el golpe y, antes de poder sentarse, cayó fulminantemente al suelo víctima de un soponcio. El presente ejemplo, histórico y cierto, debe servir a muchos como base de recomendables meditaciones.

Para que luego digan que el pescado es caro.

Lección 21

«HA SIDO UN ESCOPETAZO»

El pésame se debe dar sin dar el pésame. Se saluda a los deudos sin decir palabra y todo queda entendido. El que da literalmente el pésame, «recibe mi más sentido pésame», además de no sentir nada es un oficioso. Estas personas que en los duelos, velatorios, entierros o funerales dan el pésame dando el pésame demuestran unos orígenes poco recomendables. Más que gente «bien» venida a menos son gente «mal» ida a peor. La manifestación de la pena sólo es aceptable mediante el silencio, o a lo más, con una frase tan sencilla como ésta: «Lo he sentido mucho.»

El que da el pésame suele llevar calcetines cortos. Un hombre con calcetines cortos es un espectáculo bochornoso. Si además de cortos, los calcetines son claros, el bochorno se transforma en humillante suplicio. Los calcetines cortos, amén de horrorosos, no tienen justificación. La visión de ese trozo de pierna blanca, mitad lenguado, mitad crema desnatada, es repugnante. Pero no sólo llevan calcetines cortos y claros los profesionales de los pésames. Los profesionales de los pésames hacen una cosa todavía peor. Se «cepillan» los dientes.

La persona que en lugar de lavarse los dientes se los «cepilla» no puede pretender horizontes. Todo aquel que se «cepilla» los dientes es capaz de llamar a su cónyuge «cariño». Aquí se cierra el círculo vicioso de la horterez supina. Quien se «cepilla» los dientes se pone inmediatamente después unos calcetines cortos color gris perla o «beige» desvanecido, se despide de su mujer con un «hasta luego, cariño», y se marcha a dar su pésame de cada día.

Ante la presencia del drama, el profesional de la condolencia se muestra bullicioso. El inmóvil cuerpo del afectado apenas le turba. Su ansiedad se centra en los vivos que lloran desconsolados. A estos profesionales no les gustan los deudos con entereza. Les irrita y decepciona la pena callada, el dolor del silencio o la naturalidad ante lo inevitable. Disfrutan, en cambio, con el jipido ahogado, el pañuelo humedecido de lágrimas y el desmayo de la viuda. Siempre están prestos a coger a la viuda desmayable antes que se rompa la nuca con la base del cirio anterior derecho, que es el lugar predilecto de las viudas desmayables.

Es ahí, en ese preciso instante, cuando el profesional del pésame, tras acomodar a la viuda desmayada en una silla a prueba de patatuses, suelta su oración preferida, mirando, esta vez sí, al agudo perfil del muerto. «Ha sido un escopetazo.»

Entonces vuelve a dar el pésame a todos, y se va.

LECCIÓN 22

MY FATHER ESTÁ FATIGUÉ

Hay familias, muy elegantes, que todo lo britanizan estúpidamente. Esa manía, que muchos creen «bien», es sumamente ridícula. Cuando alguno de sus miembros va al cuarto de baño a hacer pis, dicen que va al *«number one»*, y si es a hacer lo que no es pis, al *«number two»*. En ambos casos, aunque pulidos por el esnobismo de los términos, se concreta una innecesaria vulgaridad. A nadie le importa si alguien va al *number one* o el *number two*, porque, aunque se anuncie en elemental inglés metafórico, cualquiera sabe de qué se trata y da muchísimo asco.

La elegante y multilingüe jerga de algunas familias españolas resulta conmovedora. Para hablar, chapurrean una mezcla de español, francés e inglés tan cómica como estrepitosa. Muñoz Seca parodió esa boba costumbre a través del personaje de una de sus comedias, llamado Casimiro y que era tan esnob que se hacía llamar «Presque Regarde». No hace mucho, la marquesa del Parrús Angosto, al volante de su coche, que empezaba a dar muestras de escasez de combustible, me preguntó por la más cercana *«fontaine de la gasoline»*. Le indiqué amablemente la ubicación de la más próxima gasolinera, y, tras darme las gracias, metió la primera marcha del coche, el coche resopló y quedó definitivamente parado. No llegó a la *fontaine*. Por tonta.

Un caso famoso y rigurosamente cierto es el de la duquesa ganadera. Una exagerada duquesa, a la que llamaremos aquí de Villa Ozono, que gustaba año tras año, cuando la tibia primavera florecía en su finca, de contemplar en compañía del vaquero las vacas de su propiedad. Un año, la duquesa echó de menos la presencia de una vaca, y con la dulzura y firmeza que le caracteriza preguntó al vaquero la razón de la ausencia: «Emiliano, ¿dónde está aquella vaca "beige" tan "chic" que dormía en aquel establo tan "cozy"?» Testigos de la escena me han contado que el vaquero Emiliano, tras abrir desorbitadamente los ojos, sufrió un amago de angina de pecho que le tuvo apartado de sus obligaciones varios meses.

¿DÓNDE ESTÁ AQUELLA
VACA "BEIGE"....

La utilización permanente de anglicismos y galicismos memos en la conversación no determina distinción alguna. Determina idiotez. En las clases altas —y esto puede molestar a innumerables amigos míos— hay numerosas personas que caen en esta bobada. El esnobismo, en su vertiente hablada, es el más execrable. Porque provoca lo peor. La risa.

LECCIÓN 23

PROHIBICIONES DE COMEDOR CON REFRANES EJEMPLARES

Comer con la boca abierta: quien come con boca abierta, el asco ajeno despierta.

Hacer ruido al comer: quien al comer hace ruido es un marrano perdido.

Tomar el café con la cucharilla dentro de la taza: quien bebe sin dejar fuera la cuchara es un hortera.

Comer los bollos con tenedor y cuchillo: quien come suizo o *croissant* con cubiertos es patán.

Abusar del ajo: quien come ajo debe hablar hacia abajo.

Abusar de la cebolla: quien de la cebolla abusa, huele a rusa.

Dejar los cubiertos en la posición de las 9.15 de las agujas del reloj: los cubiertos siempre, ¡cielos!, en el plato paralelos.

Burbujear con la sopa: quien con sopas burbujea, a los vecinos cabrea.

Abusar del gazpacho: quien abusa del gazpacho huele peor que los pies de Marcelino Camacho.

Accionar con los cubiertos mientras se habla: quien con el cubierto acciona, en Buckingham desentona.

Eructar: eructo de pisto, espanto imprevisto.

Comer en mangas de camisa: quien calor tiene al comer, ordinario debe ser.

Llenarse demasiado el plato: quien mucho el plato se llena, más que asco, causa pena.

Comer huevos fritos con cuchillo: quien mutila un huevo frito con cuchillo es un chorlito.

Empacharse de morcilla: de la morcilla el empacho, repite más que los pies de Marcelino Camacho.

LECCIÓN 24

EL TACO SEDATIVO

Soltar un taco no es siempre un signo de vulgaridad. Un taco bien dicho y en su momento oportuno llega incluso a alcanzar la belleza de la rotundidad. El taco es vulgar cuando vulgar y ordinario es quien lo dice, y mucho peor que un taco suele ser su término sustantivo —léase «jolín»—, que no tiene posibilidades de amnistía. El taco oportuno, como adorno o desahogo coloquial, es incluso recomendable.

Pero hoy nos vamos a dedicar al taco sedativo, analgésico, balsámico y medicamentoso. El taco látigo que mitiga el dolor con extraordinarias propiedades anestésicas. El taco terminante, preciso, conciso y concluyente que pone lógico fin a una situación de padecimiento imprevisto. Vayamos al ejemplo.

El marqués del Tajo de Hinojeras, conocido en la sociedad de Madrid como «Chicho Tajo», era hombre de escrupulosa lengua, en lo que a la palabra se refiere. Jamás había salido de su boca un taco, interjección o venablo alguno. En cierta ocasión, cuando su esposa, la marquesa del Tajo de Hinojeras, la bellísima «Pochi Tajo», fue sorprendida por el marqués compartiendo cama con el nuevo chófer —el viejo chófer había sido despedido por protagonizar la misma escena—, el marqués calificó a su esposa de «traviesa». Ese alarde de corrección y estilo se hizo famoso en la España de los años cincuenta, en los que asesinar a la cónyuge adúltera tras acusarla de «putón desorejado» estaba mal visto, incluso, por los juzgados de instrucción. «Chicho Tajo», con su delicadeza habitual, adoptó la medida que de él se esperaba. Despidió al chófer, lo sustituyó por otro de avanzada edad y rogó a su esposa que no volviera a hacer travesuras. Pero no llegó la sangre al río.

Pero el marqués del Tajo de Hinojeras padecía en secreto de un doloroso callo. Un terrible callo en el pie derecho que le mortificaba continuamente y que no parecía tener arreglo. Para cubrirlo y evitar rozaduras, enfundaba el dedo enfermo en unos blancos y muelles dediles que adquiría en

cantidades industriales, cada verano, en una farmacia de Biarritz. Nadie, por su corrección, sabía de su irremediable mal.

Fue en la víspera de san Juan, en el Club Puerta de Hierro, el 23 de junio de 1959, cuando sucedió. Contemplaba «Chicho Tajo» el salto de la hoguera de los jóvenes, cuando un ardoroso pollo, algo alocado, pisó el callo del marqués. El marqués no gritó «¡Virgen de Atocha!», ni «¡Cáscaras!», ni, por supuesto, «¡Jolines!». Enrojeció de dolor e ira y gritó un «¡Coño!» como la copa de un pino. Un correctísimo «¡Coño!» que, además, le curó. Ya lo saben.

Lección 25

LA AMERICANA

Dejar la americana no tiene sentido. Quitarse la americana de encima, aún menos. Lo que se deja o quita uno de encima, si acaso, es la chaqueta. El que se quita una americana de encima o deja una americana es el que rompe relaciones con una rubia de Oregón, Arkansas o Carolina del Sur. Si esa americana, además tiene dinero, dejarla o quitársela de encima es una monumental majadería. Lo que se quita uno de encima —insisto—, si calor tiene —aunque no sea aceptable ni correcto—, es la chaqueta.

El que se «quita la americana» es el mismo que al llevar un jersey abierto «se quita la rebeca». Y el que se quita la rebeca tiene gabán en lugar de abrigo. Y el que tiene gabán en lugar de abrigo, lo primero que hace cuando llega a su casa es ponerse unas zapatillas, por lo común de fieltro y con dibujo de cuadros. Y el que se pone unas zapatillas nada más llegar a su casa, enciende el televisor en vez de la televisión y llama «cariño» a su mujer y «tesoro» a su hija Vanessa. Y entonces Vanessa, que es muy mirada, recoge los zapatos de su padre y le regaña por tener tan arrugada «la americana», cuando su padre, por ordinario lo que tiene arrugada es otra cosa.

Durante el verano, los conductores de automóviles sin aire acondicionado ponen la chaqueta en el asiento trasero. Ésta es la figura aprobable. Sin embargo, quien «tira la americana en el asiento trasero», además de colaborar con la propaganda subliminal soviética, comete acto de irreprimible ordinariez. Las americanas —puntualicemos definitivamente— son las mujeres nacidas o nacionalizadas en el continente americano, sean del norte, del centro o del sur, si bien, por razones de difícil explicación, la clasificación de «americana» sin especificar cono —reparen que he puesto *cono*—, da a entender, por hábito, la nacionalidad estadounidense. A las americanas del cono sur se las conoce por sudamericanas, a las naturales del centro, por centroamericanas, y a las de muy al norte, simplemente por canadienses. Por ello, «tirar la americana en el asiento trasero» demuestra una falta de tacto, señorío, cortesía y hospitalidad de muy difícil comprensión.

La prenda de vestir, no nos engañemos, es la chaqueta. Que cada uno haga lo que quiera con su chaqueta, incluso si está hecha a la propia medida. Pero a las americanas dejémoslas en paz. Por muy rojo que uno sea no se tiene derecho a tirarlas en asiento alguno cuando el calor aprieta. Hasta Julio Anguita lo reprobaría.

LECCIÓN 26

CONFESARSE MAL

Los católicos practicantes pueden reconciliarse con Dios de dos maneras: bien y mal. Según la Iglesia, se confiesan bien los que reconocen todos sus pecados, y lo hacen mal quienes, a propósito, omiten alguno. Este simple y elemental principio de lo que significa la confesión no concuerda, en cambio, con el espíritu de este *Tratado de las buenas maneras*. En este tratado se contempla, sin ánimo de provocar cismas posconciliares, que una persona más o menos educada y elegante debe callar ante el confesor todo lo relativo al sexto mandamiento. Por dos motivos no carentes de fundamento. Porque a los sacerdotes les divierte demasiado la debilidad ante el sexo y porque estas debilidades, por escrupulosamente íntimas, no se pueden airear.

Pepito Lagoseco, empedernido solterón de la sociedad de Madrid, es un cincuentón ejemplar. Vive pendiente de su anciana madre, la duquesa de Mazorca Hermosa, y cumple con todos los mandamientos. En su parroquia se le conoce por el «pío y bondadoso don José», lo que da a entender la calidad del pájaro. Pues bien, Pepito Lagoseco, que es bien de orígenes, bien de familia, bien de modales, bien de gustos y bien de actitudes, confesándose es «mal». Y es «mal» precisamente porque se confiesa bien.

¿Cómo se ha podido saber que Pepito Lagoseco confiesa sus faltas y pecados enmarcados en el sexto mandamiento? ¿Por indiscreción de su confesor? ¿Por reconocimiento propio? Nada de eso. Se sabe por una curiosa coincidencia.

Durante el pasado mes de mayo, su amigo Jimmy Peragrande coincidió con él en la parroquia pocos minutos antes de celebrarse un funeral que se presentaba muy divertido y animado porque el muerto era bastante conocido. Jimmy tomó posición junto a un confesonario en el que, casualmente, Pepito Lagoseco se reconciliaba. Se escuchaban tan sólo murmullos y susurros de aroma de café con leche, que es a lo que huelen los curas mediadas las mañanas. De pronto, sin previo aviso, el sacerdote,

algo sordo, se enfadó con el elegante penitente y, sin medir el volumen de la voz, gritó: «¡A su edad, don José, esas guarradas ya no se hacen!» Pepito, perplejo, avergonzado y muy colorado de tez, recibió la bendición y se marchó a rezar la penitencia.

Como Jimmy sabe que Pepito Lagoseco no sale con mujer alguna, y que se pasa las horas del día solo, más que solo y absolutamente solo, ya podemos figurarnos todos de qué pecado se confesó.

Y a esa edad, efectivamente, es una guarrada. Eso le pasa por confesarse.

LECCIÓN 27

EL DÍA DE LA MADRE

Una familia que se considere medianamente normal sólo puede celebrar de una manera el día de la Madre. Olvidando, precisamente ese día, que la madre existe. Por muy de acuerdo que estemos que madre sólo hay una, en el día de la Madre hay que renunciar a ella. Y lo mismo digo del día del Padre, si bien esta última celebración, a Dios gracias, está menos arraigada que el dichoso día de la Madre, que no es lo mismo que el día de la Madre dichosa, o el día de la dichosa Madre. Pero ese día se las trae.

El día de la Madre, como el día del Medio Ambiente, como el día del Árbol, es una tontería de día. Quien, como en mi caso, jamás ha sido madre y alberga escasas posibilidades de serlo, no alcanza a comprender la posible emoción que la madre siente cuando sus hijos la felicitan en día tan rebuscado. Y lo peor, más que los hijos, es el marido. Que los hijos le digan a su madre «Felicidades, mamá», no tiene demasiada importancia, porque al fin y al cabo «mamá» es su madre. Lo malo es que el marido también le llame a su cónyuge «mamá». Si un marido llama a su mujer «mamá», ¿qué hace para dirigirse a su madre? ¿La llama «mamorra»? Observen y rectifiquen los matrimonios afectados. Llamarse entre marido y mujer «mamá» y «papá» es inadmisible. Sólo se comprende, eso sí, en matrimonios que celebran con especial alegría el día de la Madre.

En Argentina, el día de la Madre adquiere características casi insultantes. Se denomina «día de la Vieja». Y en Venezuela el día se dedica al padre y la madre al unísono como «día de Papi y Mami». Pero entre nosotros, y con todo el respeto que me merecen los padres y madres de Argentina y Venezuela, allá ellos con sus celebraciones, sus denominaciones y sus regalos.

Aquí, en lo de los regalos, nos enfrentamos al segundo problema. Los que celebran el día de la Madre, más que regalar «obsequian», e incluso, cayendo en singular pleonasmo, «obsequian presentes» a la madre respectiva. «Esta pulsera me la obsequiaron mis hijos el día de la Madre», dijo en cierta ocasión doña Fina de Caparrús y Pipot momentos antes de romperse la cadera al caer en la cubierta de un barco, al que previamente había embarcado con zapatos de tacones y un bolso repleto de distintas cremas bronceadoras. «Tengan ustedes la pulsera que obsequiaron a su difunta madre el día de la Madre», dijo el médico de guardia al entregar a los hijos de doña Fina la referida pulsera tras haber fallecido ésta por causas que todavía no se han esclarecido ni creo que se esclarecerán.

Yo era el médico de guardia.

NI INTERESANTE NI DIVERTIDO

Una de las mayores cursiladas del lenguaje de hoy —cursilada por esta vez casi exclusiva de las clases altas— es la de convertir en «divertido» e «interesante» lo que nada tiene de interesante y divertido. No hace mucho, en un restaurante especializado en la «nueva cocina», escuché de un comensal esta observación acerca de una ensalada: «Es una ensalada muy interesante.» ¿Cómo va a ser «interesante» una ensalada? Una ensalada es buena, mala, picante o sosa, con lechuga o sin lechuga, pero nunca interesante. Lo único interesante es averiguar hasta qué punto es tonto el que encuentra «interesante» a una ensalada.

Pero «el divertido» gana al «interesante». Hasta ahora, lo divertido era lo que divierte: un juego, un deporte, una conversación, una película y hasta un viaje. Ahora lo divertido es casi todo. «Qué traje más divertido.» «¿A que llevo unos zapatos muy divertidos?» «Mira qué tejado más divertido tiene esa casa.» «He comprado para el salón unos almohadones divertidísimos.» «El jardín no es muy grande, pero sí muy divertido.» Y también, por qué no: «Hoy hemos comido una ensalada muy divertida.»

¿Dónde está la diversión de los trajes, los zapatos, los tejados, los almohadones, los jardines y las ensaladas? Exclusivamente en la estupidez de los que dicen que son divertidos.

«Buen campesino, ¿qué es esto tan divertido que le cuelga a esa vaca?», preguntó en cierta ocasión una aristócrata muy divertida a un campesino divertidísimamente vestido en un prado bastante divertido donde crecía una yerba muy divertida también.

«Señora marquesa —respondió el buen campesino—; ante todo, esa vaca que usted dice no es una vaca, sino un toro; y eso tan divertido que le cuelga es lo mismo, salvando las distancias y con el debido respeto, que le cuelga al señor marqués.»

Mientras contemplaba, paralizado del estupor, un horroroso cuadro que colgaba en una de las paredes del salón de unos

UNOS COLORES MUY DIVERTIDOS

amigos míos, ella, que es muy divertida, se acercó sigilosa por mi espalda, me dio un meneo divertidísimo en los riñones y me confesó, orgullosa, la razón por la que había adquirido por unos divertidos millones de pesetas el terrorífico lienzo en cuestión. «Tiene unos colores muy divertidos.»

Y se quedó tan tranquila.

Por eso espero que este capítulo les resulte aburridísimo a cuantos desayunan un café con leche con pastas muy divertidas.

LECCIÓN 29

«LA VEZ»

En España las personas que van a los mercados, y muy especialmente las que compran de cualquier producto de carne o pescado un «cuarto y mitad», en lugar de hacer cola y esperar turno, esperan «la vez». El novato de mercado que pretenda comprar una mísera sardina sin hacer ostentación de «la vez», se queda sin sardina, y muy probablemente, sin honra. Porque no hay nada más deshonroso que recibir el regaño, la agresión y la colectiva bronca de todas las señoras que en ese momento pululan por el mercado «por no haber pedido la vez». «Vuelva otra vez con la vez, sinvergüenza», le dijo en cierta ocasión una ama de casa muy profesional a un turista alemán que hizo cola durante dos horas para comprar un kilo de solomillo.

«¿Quién tiene la vez?», grita una señora que llega a toda velocidad. «Yo tengo la vez», responde la última de la cola tras superar los efectos del choque. «¿Quién me da la vez?», inquiere una tercera recién llegada que viene a su vez de dar la vez en el puesto de verduras y legumbres. «La vez es suya», le contesta la que anteriormente había aterrizado en directa y que es dominadora de los secretos del mercado. «¿Usted es la última?», cuestiona con gran timidez un hombre con aspecto de haberse quedado solo en casa por unos días. «Sí», responde la poseedora de la vez con cierto desprecio. «¿Quién tiene la vez?», pregunta una cuarta señora que toma posición inmediatamente de vez recibida. «La tengo yo y se la doy a usted», responde la tercera, saltándose a la torera el turno del señor con aspecto de haberse quedado solo en casa por unos días. «Se ha saltado usted mi turno, señora», protesta fina y educadamente el pobre señor ante la evidencia de sus derechos conculcados. «¡Aquí el turno no sirve para nada, grosero! —le gritan todas al unísono—. Aquí el que no quiera la vez no tiene nada que hacer, majadero», le berrean otras señoras ajenas al suceso, pero que inmediatamente se solidarizan con sus compañeras traficantes de la vez. «Y no ponga usted esa cara porque llamo inmediatamente a un guardia», amenaza la última en medio de una atronadora ovación por parte de las amas de casa.

¿Es lícito morir de hambre por negarse a poseer la vez? La respuesta no puede ser otra. No sólo es lícito, sino recomendable, elogiable y elegantísimo. Quien muere de inanición por no permitir que la ordinariez de la vez y el «cuarto y mitad» pasen por sus manos es una persona admirable.

LECCIÓN 30

EN BATA Y ZAPATILLAS

Es costumbre horrorosa en gran parte de la Humanidad la de llegar al cálido hogar tras la azarosa jornada de trabajo y ponerse inmediatamente una terrible bata y unas espantosas zapatillas. «¿Me traes la bata, bonita?», suele decir el ordinario. «Sí, cariño», responde su mujer, que tambіén es bastante ordinaria, pues de no serlo jamás se habría casado con un señor que no sólo se pone la bata y las zapatillas cuando a casa llega, sino que además le llama «bonita». Y es ahí cuando el acto —con perdón— se culmina. Se quita los zapatos, cuelga la chaqueta, se ajusta la bata, se desliza en sus zapatillas, enciende la televisión y se queda como disecado. Esto sucede diariamente en millones de hogares de todo el mundo.

¿Qué debe hacer una persona normal para luchar contra esta desagradable costumbre? Precisamente lo contrario. Al llegar a casa después de un agotador día de trabajo, lo que hay que hacer es bañarse. Se baña uno, y si es con patito de goma mejor, para después vestirse con los atuendos más incómodos que tenga en el armario. El marqués de Valancey se vestía de cosaco, y nadie puede dudar de la dignidad del marqués de Valancey. Un hombre que cena en su casa, no en zapatillas, sino con botas de montar caballos salvajes de Pzewlawsky, merece mi mayor respeto. Quizá suponga una exageración algo extralimitada, pero ante la ordinariez común y extendida, este tipo de rarezas son más que convenientes. Y además, el marqués de Valancey jamás llamó a su mujer «bonita». La llamaba «Olga», que era su nombre de pila, por ser oriunda de Moscú.

De todos los modelos de zapatillas hay uno que es intolerable. Tan intolerable que habría de estar contemplado en el código penal. Las zapatillas marrones con dibujo de cuadros. Estas zapatillas, en su versión más cara, suelen ir forradas de piel de cola de conejo, la cual, cuando se da de sí, emerge por los tobillos y alcanza el borde del pijama. La persona, sea varón o mujer, que use tal artilugio para descansar sus

EL ORDINARIO

pies, puede pertenecer al sindicato que desee, pero nunca a un círculo distinguido. A lo más que puede aspirar, en caso de ser hombre, es a pretender ser elegido vicepresidente de una asociación de antiguos alumnos, y si mujer fuera, a coordinadora de barrio de la Agrupación Provincial de Amas de Casa.

En ambos casos, una vergüenza.

LECCIÓN 31

GATOS, NO

El gato no es «bien». Una casa «bien», por tanto, no debe tener gatos. Es más, cuanto más fina y sofisticada sea la raza del pequeño felino, mayor es la posible ordinariez de sus dueños. Esta teoría es difícil de mantener y harto complicada de explicar, dado que se sustenta única y exclusivamente en el breve afecto que su autor siente por los gatos. Los gatos siempre me han resultado antipáticos, y si bien gusto de los perros que no son agresivos, de los mininos desconfío. En este punto coincido hasta con los perros agresivos: que tienen manía a los gatos.

Una casa con gato huele a gato, y el olor a gato no es precisamente agradable. Un animal tan almohadillado y, por ende, tan silencioso es de difícil convivencia. La sinceridad en la fauna se determina por el ruido que sirve de atención y aviso. La jirafa es muda, pero galopa. Se puede decir que es casi imposible no percibir la presencia súbita de una jirafa. El gato, al contrario, callado y sinuoso, entra en contacto con los pies de uno en el momento más inesperado. Ello lleva al susto, el movimiento brusco y la caída de la taza de café. En tal caso, el gato, que se sabe responsable del hecho, curva su espinazo, enrojece sus ojos, afila las uñas y amenaza. Es un mal bicho el gato.

El gato, además, como ya apunté en una lección anterior, es un huésped que deriva irremediablemente a la confusión. Un marcial coronel, respetado y temido por todo su regimiento, perdió su autoridad al confesar en el bar de oficiales la razón de su tristeza. Su tristeza no era otra que la mala salud de su vieja gata, por la que sentía un hondo cariño. Si hubiera dicho: «Estoy preocupado porque mi gata está enferma», nadie en el regimiento le habría confundido. Pero aquel coronel, tan experto en diseminar compañías y batallones en pos del enemigo, al referirse a su gata se ponía cursi. Por eso cuando dijo: «Estoy preocupado porque mi minina está pachucha», perdió la autoridad. Y es que el gato también es traidor cuando está ausente.

Ya que no eliminar, vayan moderando poco a poco la presencia de los gatos en sus hogares. La mejor manera para llevar a buen fin este plan no es otra que la de no reemplazar los ejemplares extintos. Si el fallecimiento de cada gato viejo se subsana con la aparición de un gato joven —el coronel hubiera dicho un «gato bebé»—, la presente reflexión carece de sentido. Admitida la eficacia de mi escrito, vuelvo a mi subjetividad. Y declaro —no sé si solemnemente, pero declaro— que tener gatos en casa es una ordinariez. Se acabó.

Lección 32

EL EJECUTIVO AGRESIVO

En esta vida y esta sociedad se puede ser todo —incluso presidente de Asociaciones de Antiguos Alumnos—, pero nunca un ejecutivo «agresivo». Ser ejecutivo «agresivo», además de una desgracia, es harto contraproducente. El mal gusto y los peores modos de los «ejecutivos agresivos» les convierte en seres absolutamente abominables de muy difícil aceptación. «Nuestro hijo Ramón vale muchísimo porque es un ejecutivo agresivo», dijo en cierta ocasión un señor totalmente tonto, días antes de arruinarse por avalar con su firma los negocios de importación de su hijo, el ejecutivo agresivo.

El «ejecutivo agresivo» es odioso con los subordinados y profundamente lameculos con quien le interesa. Llama por teléfono por medio de su secretaria y dicta cartas sin parar, de las cuales la mitad van destinadas a personas inexistentes, domiciliadas en Londres y Nueva York. Presume de viajar mucho y ha dejado de fumar para sentirse más incorporado a las nuevas tendencias. Se viste con telas italianas y suele estar «reunido». Trata con destemplanza a quienes le rodean y recuerda en su casa que el bienestar que se disfruta se debe exclusivamente a su dedicación y trabajo.

El «ejecutivo agresivo» come siempre fuera de casa y presume de ser entendido en vinos. Se refiere a los presidentes de los grandes bancos por su nombre de pila, como dejando entender que son amigos suyos de toda la vida, cuando en la realidad apenas los conoce. «Me ha dicho Alfonso...», «Le comenté a Mario...», «Le tuve que demostrar a José María...», «Le exigí a Emilito...», etc. Luego, cuando se los encuentra en algún acto social, el «ejecutivo agresivo» no puede abrir la boca de la emoción y, posteriormente, por razones de los nervios acumulados, siente irrefrenables ganas de hacer pis.

Pero donde el «ejecutivo agresivo» se manifiesta en todo su esplendor es, paradójicamente, en los días sin oficina. En las mañanas de los sábados y domingos, el «ejecutivo agresivo» hace *jogging* con un

EL AGRESIVO

chandall impresentable, corretea por las ca-
lles de su urbanización en compañía de su
doberman, organiza una barbacoa en el jardín de su casa y por la tarde, cuando ya
ha hecho todas esas tonterías, pone a sus
hijos un vídeo en inglés «para que se les
vaya haciendo el oído».

Me parece bien lo del inglés. El resto
no admite condescendencias. Así, cansadí-
simo, el «ejecutivo agresivo» se enfrenta a
la llegada del lunes para seguir triunfando
en sociedad. Eso es, al menos, lo que él se
cree.

LECCIÓN 33

EL ORINAL

Las personas que acostumbran dormir con un orinal a mano tienen el ineludible deber de hacerlo público. De esta manera la sociedad puede atenuar la pena y dar una última oportunidad al ordinario. Porque el orinal es el artefacto más repugnante que imaginarse pueda, y su uso roza la frontera del delito. «Es que yo orino mucho por la noche», diría el usuario en concepto de disculpa. «Pues más a nuestro favor», le respondería el tribunal popular. Queda usted condenado por usar orinal y por orinar mucho en lugar de hacer pis, que es lo que hace la gente decente. Orinar, lo que se dice orinar, le está sólo permitido a los enfermos que deben someterse a un «análisis de orina», siempre que inmediatamente después de haber entregado el frasquito dejen de orinar y vuelvan a hacer pis.

El duque de Rienchley falleció por no usar orinal. Tras una aparatosa y brutal caída de caballo fue sometido a una intervención quirúrgica a vida o muerte. Su fortaleza le permitió sobrevivir a la operación, si bien jamás recuperó el conocimiento. Ello prueba que hasta en la más aguda situación de coma profundo, el buen gusto manda sobre el individuo. El duque, durante la primera noche postoperatoria, recibió en el subconsciente la necesidad de hacer pis. La solícita enfermera, experta en situaciones parecidas, pretendió ayudarle acercándole una cuña. «¡No, no! —gritó el yacente desde su inconsciencia—; yo ir solito cuarto de baño.»

Fueron momentos de gran intensidad. El noble enfermo se incorporó de la cama, se puso en pie, tropezó con la solícita enfermera, cayó de bruces y murió. Pocas muertes tan dignas como la de este hombre sencillo y ejemplar. Murió por no superar la frontera que él mismo se había establecido desde que tuvo cierto uso de razón. Nunca harás pis en un orinal, ni aun cuando te encuentres en las peores circunstancias.

Desgraciadamente, y según he podido saber de fuentes generalmente bien informadas, su proceso de beatificación se ha paralizado.

LECCIÓN 34

LOS CALZONCILLOS

Las prendas de vestir que habitualmente no se ven tienen una importancia que se escapa a muchas sensibilidades. Los calzoncillos, en concreto, merecen toda nuestra atención, y un modelo desafortunado, además de la atención, merece nuestro mayor desprecio. El llamado *braslip*, y aún más si es de color, no tiene pase. Los calzoncillos deben ser blancos, tímidamente rayados o discretamente estampados siempre que pertenezcan al modelo tradicional. Es decir, largos, de aproximación a las rodillas y con la consiguiente abertura delantera para facilitar los desahogos.

El llamado *braslip*, además de una ordinariez, es una porquería. Se ajusta dolorosamente a la zona inguinal y sostiene y realza el volumen de las industrias de manera procaz y desagradable. El *braslip* es prenda carcelaria, de recluso amotinado en el estío. Obsérvese que en todos los documentos gráficos en los que aparece un grupo de reclusos amotinados ocupando el tejado de una prisión, un alto porcentaje de ellos usan *braslip* de cierto color.

El examen de la elegancia personal pasa indiscutiblemente por los calzoncillos. Si un hombre en calzoncillos no hace reír al prójimo, su grandeza queda demostrada. La estética del calzoncillo tradicional fue estudiada, hacia los años cincuenta, por el sociólogo italiano Carlo de Brunamonti, famoso por su libro *Los muslos de la posguerra y las repercusiones del plan Marshall*. En dicha y celebrada obra, Brunamonti apunta que «los soldados aliados perdían gran parte de su épico encanto con las mujeres de las aldeas reconquistadas cuando se quedaban en calzoncillos tipo *braslip*. Los bravos militares —seguía diciendo— quedaban a merced de las risas flojas de las jóvenes holandesas cuando se liberaban de su uniforme. Sólo los soldados británicos y neozelandeses que usaban calzoncillos tradicionales culminaban solemnemente sus pretensiones, a pesar de la excesiva y sobrecogedora blancura de sus piernas.»

Todo aquel individuo que, llevado de su ordinariez, consienta en utilizar la breve

LOS ELEGANTES
CALZONCILLOS
y EL HORTERA "BRASLIP"

presión flexible de unos *braslips*, ha de tener muy en cuenta su error y tomar las medidas oportunas de inmediata rectificación. Calzoncillos antiguos, largos, holgados y preferentemente blancos. De esta guisa, siempre un hombre estará seguro.

Los *braslips* al cubo de la basura. Enérgicamente.

LECCIÓN 35

LA CAÍDA DEL PRÓJIMO

Reírse del prójimo no es un ejercicio saludable ni educado. Menospreciar a los demás mediante la risa es costumbre o debilidad que no cuenta con las iniciales simpatías de este tratado. Sólo está permitido reírse del prójimo en un caso concreto. Cuando el prójimo, llevado de su distracción o torpeza, resbala, tropieza y cae en la calle. En estos casos la risa no es controlable, y, si bien la hilaridad no avala el elogio de la ciudadanía, nada se puede hacer para reprimir la carcajada. Lo decía, con la inocente maldad de los niños, un colegial pecoso al volver al dulce hogar tras la dura jornada escolar. «Papá, hoy se ha caído en la puerta del colegio la madre de los Méndez Alcoceba y lo hemos pasado bastante cachondo.» Y es que los niños son así.

La caída de una persona en la calle es siempre divertida. En algunos casos, incluso regocijante. El desmoronamiento de la vertical humana tras tropezón con baldosín saliente es uno de los espectáculos más completos y reconfortantes que pueden contemplarse. Más aún si el caído, o caída, portan paquete conteniendo productos frágiles recién adquiridos en comercio cercano al lugar del suceso. En situación como ésta, la risa del espectador se acrecienta ante el caos reinante.

Especial interés, por su espectacularidad, tienen las caídas de las monjas. Una monja tropezando —es decir, una monja tropezada— ocupa más espacio que el resto de los ejemplares sociales. Más espacio de aire y más superficie de suelo. «Monja caída, acera escondida», dice el refranero popular, que, como buen refranero popular, no se casa con nadie.

Si no hay dolo o fractura —eso ya no tiene ninguna gracia—, la mejor manera de sobrellevar una caída imprevista es la de reírse de uno/a mismo/a con fluidez pareja a la de los espectadores. Ello demuestra un sentido del humor y un dominio de las situaciones adversas sólo al alcance de los más grandes. La risa, además, sirve de camuflaje y disfraza al rubor.

Mi maestro Santiago Amón solía decir

que «caerse en la calle es de pobres». Algo de razón tenía, si bien no toda. Yo he visto, con estos ojos que Dios me ha dado, muchas caídas de personas adineradas. Sin ir más lejos, y en las escaleras de uno de los cines Roxy, contemplé el descenso de culo de una marquesa sinceramente inolvidable.

Una persona educada no ríe del ridículo ajeno. Pero si lo hace ante una caída callejera, se hace la vista gorda, y se le perdona. Faltaría más.

LECCIÓN 36

FRASES SUELTAS QUE NO SE PUEDEN
DECIR SIN INCURRIR EN GRAVE
DELITO SOCIAL

«He adquirido en rebajas una rebeca para
mi hija Vanessa que es una verdadera dia-
blura.»

«Se me ha erizado hasta el vello del
pubis.»

«Esta salita es una bombonera.»

«Es una persona de lo más maja.»

«Es que yo soy muy propenso a las almorranas.»

«Los fines de semana no me muevo del
chalet.»

«Llevaba un jersey alucinante.»

«Ayer me pasé todo el día haciendo de
vientre.»

«Si me sigues dando esos sofocones, un
día me vas a matar.»

«El que usted sea una dama no le da derecho a faltarme.»

«El día más feliz de mi vida fue el de mi primera comunión.»

«Lo malo de estas camisas es que con el calor se pegan a las axilas.»

«Este chico es una alhaja.»

«Si os apetece, el domingo en el chalet organizamos una barbacoa.»

«¡Menudo pillo estás tú hecho!»

ADITAMENTOS, ADORNOS, ACCESORIOS Y MEJORAS QUE HACEN DE LOS COCHES LA EXALTACIÓN DE LO HORTERA

1. Volante forrado de piel (nutria, castor, zorro o conejo).

2. Rabo de conejo colgando.

3. Quitasol adherido al parabrisas, normalmente de color azul, con nombre de *pub*.

4. Zocalillo de varilla cromada sobre el salpicadero.

5. Bola de palanca de cambio en cristal con variadas especies incrustadas en su masa.

6. Retrato familiar con la indicación «No corras, papá». (Esta especie pronuncia «papa» y no papá.)

7. Portacajetillas.

8. Asientos forrados en piel con peli-llo. Insuperable si es en blanco y negro.

9. Cojines bordados.

10. Paño con bodeques cubriendo la encimera posterior, sobre los asientos.

11. Faros en la encimera posterior que se encienden al frenar. Alternativas: perro con ojos-bombilla, semáforo colgante, etc. También el «perro procurador» que asiente con la cabeza.

12. Cartelillos varios. «I Love NY», «Desde Madrid al cielo», «Ser español, un orgullo», «No me toques el pito que me ex-cito».

13. Escobillas de contacto con el suelo bajo el parachoques trasero dotadas de material fosforescente.

14. Doble tubo de escape cromado.

15. Alerón trasero de fabricación pro-pia.

16. En Mercedes, Jaguar, Volvo o si-milares, alfombrillas persas para proteger la tapicería del suelo.

17. En Ranges Rover y similares de urbanización de chalets adosados, los usua-rios.

Lección 38

EL CASOPLÓN

«Me han dicho que los Bermúdez se están haciendo un chalé inmenso en La Moraleja.» «Sí, sí, alucinante. Un auténtico casoplón.»

¿Qué es un casoplón? Que se sepa, hasta la fecha, no hay reglas establecidas para determinar cuándo una casa grande se convierte en casoplón. Lo cierto es que al definir como «casoplón» toda construcción particular más o menos exagerada, se hace con un deje de admiración incontenida. El casoplón, pues, es simplemente una casa grande de gente más o menos conocida, de familia de recientes adinerados, o de campo con nuevos propietarios poderosos.

Las fincas de España, especialmente las toledanas, extremeñas y andaluzas, han transformado sus perfiles con los casoplones. Las viejas casas de campo, los antiguos cortijos, las rústicas casas de labranza adaptadas por los dueños, no tienen nada que hacer al lado de los casoplones, que son los que privan. Un casoplón, además de los metros cuadrados construidos, debe contar con los siguientes anexos: piscina —preferentemente de invierno y verano, si bien con la de verano sólo, sirve—. *Paddle tenis*. Cuadra de caballos —incluso cuando el propietario no sabe montar a caballo—. Vestuarios de «piscina-paddle» con porche estival y gran salón de invierno para reunir a los amigos de «confianza». Este salón de invierno informal debe contar con la colaboración de un billar americano.

Una buena casa gusta o entusiasma. Una hermosa casa de campo encanta o sorprende. Un casoplón alucina. En la sociedad de hoy casi todo es alucinante. Un traje alucinante, un coche alucinante, una tienda alucinante, una cena alucinante, un reloj alucinante. El casoplón, por definición, o es alucinante o no es casoplón.

Y los que dicen «casoplón», suelen ser unos tontos alucinantes.

ME HE HECHO UN CASOPLÓN

LECCIÓN 39

CONCLUSIÓN

Si a estas alturas, tras leer este insuperable *Tratado de las buenas maneras,* usted,
lector amable, sigue bebiendo de una taza
de café con el dedo meñique levantado, con-
sidérese no apto para la convivencia normal. Igual, si persiste en utilizar durante
los meses de verano zapatos de rejilla, o si
cubre sus pies con calcetines blancos, o
si va al «váter», o si «pilla» taxis, o si grita
«¡Vivan los novios!» en las bodas, o si mantiene su contumacia en comprar bragas y
se baña con «bañador», o tiene «chavales»
en lugar de hijos, o si esos hijos «le comen»
bien o mal, o si se sofoca, o si celebra el
día de la Madre, o el día del Padre, o el
día del Amor Fraterno, o el día de los Enamorados, o el día de lo que sea, o si encuentra que cualquier cosa es «interesante»,

«divertida» o «alucinante», o si pide «la vez» en el mercado, o si es un «ejecutivo agresivo» que hace *jogging,* usa chandal y organiza los sábados una barbacoa, o si se le eriza el vello del pubis, o etc., etc., es usted un merluzo.

Este libro ha caído en sus manos para darle una última oportunidad. Si no ha sacado conclusiones beneficiosas, usted no lo merece.

En tal caso, y sin que sirva de precedente, no honre su biblioteca con su presencia. Regáleselo a una persona sensible y normal.

De cualquier forma, gracias.

Impreso en
TALLERES GRÁFICOS SOLER, S. A.
Enric Morera, 15
08950 Esplugues de Llobregat
(Barcelona)